国术

健身

侯雯　牛爱军 ○ 编著

导引术

人民邮电出版社

北京

图书在版编目（CIP）数据

马王堆导引术 / 侯雯，牛爱军编著. -- 北京 ： 人
民邮电出版社，2024. 9. -- （国术健身）. -- ISBN
978-7-115-64674-3

Ⅰ. R247.4

中国国家版本馆 CIP 数据核字第 202473BT07 号

免 责 声 明

内 容 提 要

本书从"什么是马王堆导引术""为什么练马王堆导引术"和"怎么练马王堆导引术"
三个角度出发，对马王堆导引术的起源、发展和特点进行了介绍，对马王堆导引术的健
身作用进行了解析，对马王堆导引术的基本功与功法套路的练习方法进行了讲解。

在功法套路的讲解部分，本书不仅通过真人连拍图对动作步骤进行了展示，并对练
习的基本要求、功理作用、呼吸方式和易犯错误进行了讲解。此外，本书免费提供了马
王堆导引术的分段演示视频、分段教学视频，以及完整套路跟练视频，旨在帮助读者降
低学习难度，提升练习效果。无论是马王堆导引术的学习者，还是教授者，都可从本书
中受益。

◆ 编　著　侯雯　牛爱军
　　责任编辑　刘日红
　　责任印制　彭志环

◆ 人民邮电出版社出版发行　　北京市丰台区成寿寺路 11 号
　　邮编　100164　　电子邮件　315@ptpress.com.cn
　　网址　https://www.ptpress.com.cn
　　北京宝隆世纪印刷有限公司印刷

◆ 开本：700×1000　1/16
　　印张：6　　　　　　　　　2024 年 9 月第 1 版
　　字数：63 千字　　　　　　2024 年 9 月北京第 1 次印刷

定价：35.00 元

读者服务热线：(010)81055296　印装质量热线：(010)81055316
反盗版热线：(010)81055315
广告经营许可证：京东市监广登字 20170147 号

壹·源 什么是马王堆导引术

马王堆导引术的起源 6

马王堆导引术的发展 7

马王堆导引术的特点 8

养气练气 8

整体统一 8

动静相宜 9

贰·因 为什么练马王堆导引术

整体锻炼 12

负荷适中 12

降低应激 12

放松精神 13

叁·法 怎么练马王堆导引术

基本功练习 16

呼吸练习 16

手型练习 18

步型练习 18

桩功练习 20

意念练习 22

功法练习 24

预备势 24

起势 25

第一式 挽弓 28

第二式 引背 33

第三式 凫浴 40

第四式 龙登 46

第五式 鸟伸 50

第六式 引腹 55

第七式 鸱视 60

第八式 引腰 67

第九式 雁飞 71

第十式 鹤舞 77

第十一式 仰呼 82

第十二式 折阴 86

收势 94

壹

源

什么是
马王堆导引术

马王堆导引术的发展

马王堆导引术的起源

马王堆导引术的特点

马王堆导引术的起源

我国古代典籍《尚书·洪范》中记载——五福:一曰寿,二曰富,三曰康宁,四曰攸好德,五曰考终命。其中涉及身体健康的内容就占了三条。可见在很早以前,人们就将长寿这个主题纳入探索与实践中,并连同哲学、医学一起,开始了对生命养护、延年益寿的研究与探索。

导引术是古人的生活智慧结晶,是在较为简陋、艰苦的生活环境中,为了抵抗疾病、延年益寿而创造出的锻炼身体方法。在导引术中,无论是呼吸、动作姿势,还是身心的放松、意念的运用,都着眼于提升人体机能,从内在激发人体的潜力,起到强身健体、预防疾病的作用。

20 世纪 70 年代初,在湖南的长沙马王堆汉墓中,考古学家发现了一卷较为残缺的彩色帛画,能辨认出是用工笔描绘而成。经过文物专家的精心修复,人们发现在这幅帛画上,共绘制了 4 层,每层 11 幅小图,共 44 幅图。每幅图均绘有一个运动姿势的人像。这些人或老或少,有男有女,摆出了不同的姿势,并且在旁边标注了对应术式的名称。这幅帛画就是著名的《马王堆导引图》,也是"马王堆导引术"这一健身气功功法以及它所包含的动作名称和动作姿势的来源。

健身气功的动作来源主要有三种：第一种源于古人的生产、生活实践，经过长期、反复证明最终得以确定、流传；第二种源于对自然事物的长期观察和模仿；第三种根据中医理论专门设计。例如，南朝陶弘景所著《养性延命录·服气疗病篇》中有对六字诀的最早文字记载：纳气有一，吐气有六。吐气六者，谓吹、呼、唏、呵、嘘、呬。吹以去热，呼以去风，唏以去烦，呵以下气，嘘以散寒，呬以解极。从这里可以看到，这六种吐气的方法都来源于日常生活，是古人长期生活的经验总结。易筋经的很多术式动作也来源于对生活情形的模仿，如"打躬式""倒拽九牛尾式"等，并在调心和调息的基础上，赋予了这些动作新的含义。古人在长期和大自然相互依存、相互影响的过程中，仔细观察了各种动物的习性，借鉴、吸收了其中的一些动作，创造出了五禽戏。

《马王堆导引图》所绘制的人物有坐有站，体态或伸展，或侧屈，或俯仰，或转体，或手持器物，其中不少人物动作是对动物形态的模仿，从术式的名称也能看出来，例如"龙登"等；也有人物动作配合了呼吸吐纳，如"仰呼"等。但这些动作都是单个的，尚未形成势势相承的套路。

马王堆导引术就是从《马王堆导引图》中选取 17 个图式进行编制后，形成的完整功法套路。

马王堆导引术的发展

马王堆导引术的特点

| 养气练气 |

战国时期的道家著作《庄子·知北游》中曾论及"气"，认为"人之生，气之聚也。聚则为生，散则为死"，认为无论是人的形体还是精神，都源于"气"，并由"气"决定和支配。在习练马王堆导引术时，"气"被视为习练的基础，它有两种表现形式，一种是精神的，如"气势""气韵""气脉"；另一种是物质的，指气血的运行、气机的运转，"力从气出、气隐力显、无气则力何自而生乎？"正是通过人体的肢体动作，配合呼吸，使气息深长，气机畅通，最终达到强身健体、延年益寿的养生目的。

| 整体统一 |

古代导引术认为，人体与自然应达到和谐统一，如"五脏一体"等理论。这些理论认为宇宙是一个整体，人体的五脏也是一个整体，人体本身与所处的环境也要成为一个整体，如此才是和谐统一。在习练马王堆导引术的动作时，除了着眼于一招一式的技术，对整套动作也有要求，比如劲道是否合适、招势是否协调，是否融入意念，以及节奏、风格、结构、布局的把控等，无不体现出功法的整体统一性；练习时强调"形断意连，势断气连""连绵相属，气脉不断""上下相合，动静相兼"，追求整体的和谐统一。

动静相宜

"心神宜静、形体宜动"是动静兼修的体现，其最终目的是达到"形与神俱"，益于养生。在习练马王堆导引术时要求"静中有动""动中有静"，才能最大限度发挥锻炼效果。"动"和"静"皆分内外，内动是"气息"的运动，外动是肢体的运动。内静是精神内收，外静是肢体的静。习练马王堆导引术时要"动中有静，外动内静"，静止时要"静中有动，外静内动"。

贰

为什么练
马王堆导引术

| 负荷适中 |

| 整体锻炼 |

| 放松精神 |

困

| 降低应激 |

整体锻炼

《淮南子·道原训》中写道：夫形者生之舍也；气者生之充也；神者生之制也。马王堆导引术的调身、调息、调心三调合一的习练特点，是其从形、气、神三位一体的人体生命整体观角度，区别于一般体育锻炼的关键之处。马王堆导引术更加要求习练者进行主动、内向性的意识运用，从内部对人体功能进行整体性的调整和改善。

负荷适中

柔和绵缓是马王堆导引术的一个显著特征，主要表现在三方面：一、在姿势和动作方面，要求不拘不僵，舒展大方，轻松自如，轻飘徐缓；二、在呼吸控制方面，讲究深、细、匀、长；三、在意念运用方面，注重放松精神、平静意识，同时用意要轻，似有似无。这种动作圆活、心意慢运的动作节奏，决定了马王堆导引术的运动强度较低、运动负荷适中，尤其适合中老年人及平常缺乏锻炼者习练。

降低应激

"治未病"是养生理论的核心理念。人体机能的运转状态直接影响着身体素质水平和疾病的发生与发展进程。例如，情绪波动是人体的正常心理反应，短暂、较小的情绪波动并不会直接导致疾病的发生，但若情绪波动过于巨大、超出心理承受能力，则可能引起立时的身体不适反应，长期的情绪波动剧烈则可能导致疾病的发生。马王堆导引术强调在习练时保持身体放松自如、呼吸平衡深长、大脑平静安定，这有利于缓冲不良情绪对大脑的刺激，降低大脑的应激性反应，从而达到促进身体健康的目的。

放松精神

导引术既注重身体养护，又兼顾精神调节，使身心都向健康状态转变。马王堆导引术强调外动而内静、形动而心静，从锻炼角度来看，静是本体，动是作用；静是养气，动是运气。心静才能神凝，神凝才能养气生精，练精化气，而后才能气贯四肢。神主意，意率气，气随形，是马王堆导引术的习练要求。练之日久，神、意、气三者合一，此时便能做到意到气到、气到神到、内外合一、形神兼备。这种状态可改善人体对外界环境与变化的适应性，起到强身健体、延年益寿的作用。

马王堆导引术要求习练者松贯始末，精神和肢体高度放松，全身进行有节律、协调、缓慢、柔和的运动，降低交感神经张力。其有节律的协调运动可以促进血液循环，减轻精神压力，达到放松精神、愉悦心情的目的。

叁法

怎么练
马王堆导引术

基本功练习

马王堆导引术涉及多种呼吸方法，主要是自然呼吸和腹式呼吸。它的呼吸和动作紧密配合，一般在双臂上抬和打开时吸气，双臂下落和合拢时呼气。呼吸需要练习，呼吸力度的大小、通气量的大小都要适中。经过长期的练习，呼吸能达到细而长、深、均匀的程度。

自然呼吸 |

自然呼吸，即自身顺其自然地进行呼吸，呼吸过程中不施加任何人为的干涉，自由地进行呼吸。在马王堆导引术功法练习中，一般保持唇齿自然闭合，用鼻呼吸的自然呼吸方式。呼吸的快、慢、长、短，都依据个人身体情况而改变。

腹式呼吸 |

腹式呼吸可人为控制呼吸的深度和时间，通过膈肌和腹肌的运动，使腹部有规律地起伏，从而达到提升肺换气量和改善内脏功能的目的。

腹式呼吸分为顺腹式呼吸与逆腹式呼吸两种。

顺腹式呼吸：吸气过程中，腹肌扩张，膈肌下降，腹部充盈气体，小腹逐渐鼓起；呼气过程中，腹肌收紧，膈肌上升，呼出气体。顺腹式呼吸能提升肺的换气量。

逆腹式呼吸：吸气过程中，腹肌收紧，膈肌收缩下降，腹部容积减小；呼气过程中，腹肌放松，膈肌上升，腹腔容积变大。相比顺腹式呼吸，逆腹式呼吸更能影响内脏器官，改善内脏器官功能。

掌

勾手

单手

双手

手掌伸出，五指自然伸直，稍分开，掌心稍内含。

手掌伸出，五指自然屈曲。

步型练习

并步

双腿伸直，并拢，脚尖向前；双臂自然垂于身体两侧；头部中正，目视前方。

开步 |

双脚左右分开站立，双脚距离约同肩宽；双臂自然垂于身体两侧；头部中正，目视前方。

后坐步 |

双脚前后开立,身体后坐，双脚全脚掌踩地，前腿自然伸直，后腿屈膝。

八字步 |

双脚并立，然后脚跟不动，脚尖向两侧打开呈"八"字，双脚夹角约为 90°。

提踵步 |

双脚并立或开立，双腿伸直，双脚脚跟离地，前脚掌撑地。

| 桩功练习 |

无极桩 |

并步站立，双腿并拢；双臂下垂，手腕
放松，双掌自然贴在身体两侧，双肩放
松，收下颌，目视前方；闭唇，舌抵上腭。

抱元（抱球）桩 |

双脚开步站立，双脚距离约同肩宽，双腿屈膝下蹲；双手在身前环抱，
指尖相对，环抱高度在肩部和腹部之间（根据功法的不同，环抱高度
也会有所差异）；目视前方或前下方。

正面

侧面

推山桩 |

双脚开步站立，双脚距离约同
肩宽；双臂侧平举，掌心向下，
然后双手沉腕，由中指引领其
余四指向上立掌，掌心向外，
指尖向上，并向两侧推掌，力
在掌根；目视前方。

扶按桩 |

双脚开步站立，双脚距离大于肩宽，双腿屈膝下蹲；同时双臂稍屈肘，
掌心向下，指尖向前，于身体两侧向下按掌至与髋同高；目视前方。

意念练习 |

马王堆导引术功法练习中，合理运用以下几种意念，有助于集中注意力，功法动作也会更加准确。

意念动作过程 |

即在功法动作习练的过程中，加入意念。将意念集中于动作是否准确，是否合乎练功要领。将意念与动作过程相结合，最终达到形神合一。

意念呼吸 |

即在呼吸中加入意念。将意念集中于对呼吸的调整，使呼吸与动作更好地配合。

意念身体部位 |

即在练功过程中，将意念集中于身体重点部位，使人快速排除杂念，提升动作的准确性。意念身体部位有助于充分发挥功法的作用。

存想法 |

即在练功入静时，自己设想某种形象或景象，并将自身融入其中，使这种形象或景象对心理产生影响，进而对生理产生影响，从而起到积极调节身心的作用。

默念字句 |

即在练功过程中，心内默念动作的歌诀，以及每一式动作的名称。这样做有助于排除杂念，将注意力集中于练功，稳定心神。

功法练习

基本要求	一、保持心平气和，双肩放松，腰腹放松。
	二、双腿伸直并拢站立时，保持身体中正挺直。

双腿并拢站立，双臂下垂，手腕放松，双掌自然贴在身体两侧；头颈正直，双肩放松，收下颌，目视前方；闭唇，舌抵上腭。

功法提示	功理作用：凝神静气，为专注练功做好准备。
	呼　吸：自然呼吸。
	易犯错误：容易紧张，耸肩。

| 起势 |

基本要求

一、保持身体中正挺直，重心始终位于双腿之间。

二、双掌上托时，头部上引，双掌距离约同肩宽，掌心斜向
上，且双脚微微提踵。

三、双掌上托时，意念集中于手心，下按时，意念集中于小腹。

（一）

（二）

接上式。保持周身放松，左
脚向左迈一步，双脚距离约
同肩宽，双脚平行，脚尖向
前；目视前方。

双肩稍外展，双臂外旋，掌心向前，
双臂屈肘缓慢上托，此时掌心向上，
与肚脐同高；双手上托时，双脚微微
提踵；目视前下方。

双臂内旋，双手掌心向下；目视前下方。

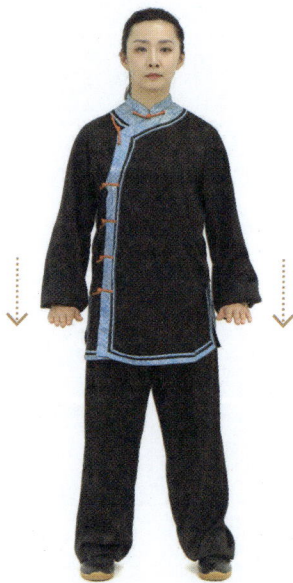

双手缓慢下按至髋部两侧，同时双脚由提踵状态逐渐下落踩实，脚趾微微抓地；目视前方。

国术健身：马王堆导引术

五

双臂外旋，双手垂落，掌心贴向身体两侧。

<table>
<tr><td rowspan="3">功法提示</td><td>功理作用：双臂的上下摆动动作可舒展身体，凝神静气，为专注练功做好身心准备；双掌的翻转和双脚的提踵，可刺激末梢神经，加速血液循环。</td></tr>
<tr><td>呼　　吸：步骤二双手上托时吸气，步骤四双手下按时呼气。</td></tr>
<tr><td>易犯错误：向上托掌时，忘记提踵。</td></tr>
</table>

第一式 挽弓

基本要求

一、双手在胸前立掌时，掌心与胸部同高，双掌距离约为10厘米。

二、挽弓时，肩部放松，抬头，双腿伸直，向摆臂方向的异侧顶髋。

三、顶髋动作的幅度，应根据个人身体状况而定。

一

接上式。双臂向前、向上平举，掌心斜相对；目视前下方。

二

双肩保持放松，双臂向胸前屈肘，双手竖起，与胸同高，掌心相对；目视前下方。

三

双肩稍外展，双掌向两侧分开，直至距离约同肩宽。

四

双肩稍内收，双掌互相靠拢，直至双掌距离约为 10 厘米。

五

左脚以脚跟为轴，外展约 90°，右脚以脚尖为轴，脚跟外旋，使身体左转约 90°，髋部向右顶；同时左臂外旋，掌心向上，向左上方伸出，手掌稍高于肩，右手掌心向下，向身后屈臂，直至右手位于右肩前呈挽弓式；下颌稍上抬，目视左手。

六

左脚以脚跟为轴，内扣约90°，右脚以脚尖为轴，脚跟内旋，使身体右转约90°；同时左臂屈肘，左手向胸前收回，右臂小臂上抬，双手在胸前掌心相对，距离约为10厘米。

七

双肩稍外展，双掌向两侧分开，直至距离约同肩宽。

八

双肩稍内收，双掌互相靠拢，直至双掌距离约为10厘米。

右脚以脚跟为轴，外展约 90°，
左脚以脚尖为轴，脚跟外旋，使
身体右转约 90°，髋部向左顶；
同时右臂外旋，掌心向上，向右
上方伸出，手掌稍高于肩，左手
掌心向下，向身后屈臂，直至左
手位于左肩前呈挽弓式；下颌稍
上抬，目视右手。

十

右脚以脚跟为轴，内扣约 90°，左脚以脚尖为轴，脚跟内旋，使身
体左转约 90°；同时右臂屈肘，右手向胸前收回，左臂小臂上抬，
双手在胸前掌心相对，距离约为 10 厘米。

双肘稍外展，双手指尖相对，掌心斜向下；目视前方。

双手从胸前下按至腹前，然后向两侧分开，自然垂落至身体两侧，掌心贴向体侧。

功法提示	**功理作用**：顶髋、抬头和展肩动作可充分刺激脊柱，缓解肩颈腰背疼痛，提升脊柱灵活性；双臂摆动带动周身伸展，可促进血液循环。
	呼　　吸：双臂打开时吸气，双臂合拢时呼气。
	易犯错误：挽弓时，顶髋与摆臂动作不协调，或没有展肩扩胸动作，或者没有抬头。

第二式 引背

基本要求

一、双掌下插时，提踵，充分拱背，双臂内旋，向前下方插掌，双臂与躯干夹角约为 30°。

二、双手摩肋时，手背从胸前经肋部向后摩运，从小指开始，向后旋腕摩肋。

三、摩肋后，双臂前摆，身体后坐时，充分拱背，目视双腕之间。

（一）

接上式。上身前俯，背部拱起，提踵；同时双臂内旋，掌心向外，手背相对，指尖向下，双掌插向前下方，手臂与躯干夹角约为 30°；目视双手。

（二）

重心右移，右腿屈膝，上身左转约 45°；同时双臂向身前侧平举，保持掌心向外，手背相对，指尖向前；目视左前方。

（三）

左脚脚跟提起，再向左前方迈步，左脚跟着地，脚尖上翘，左腿伸直；同时双臂外旋，掌心向上，双臂屈肘收回，双手手背经肋部向后摩运，从小指开始，向后旋腕摩肋；目视左前方。

（四）

重心前移，左脚踩实，右脚脚跟提起；双手从肋部继续向后摩至身后，再经身体两侧向前、向上划弧至胸前，手背相对，掌心向外；目视双手方向。

（五）

重心后移，右脚跟落地，右腿屈膝，背部向后拱起，收腹伸臂，双手向两侧屈腕成勾手；目视双腕之间。

（六）

重心前移，右脚脚跟提起，右腿伸直，上身直立；同时双手变勾手为掌，掌心向下，下按至身体两侧；目光先随双手的下落看向前下方，按掌时远望，目视左前方。

（七）

上身右转回正，左脚向右后方收回；同时双手自然垂落至身体两侧，掌心贴向体侧。

（八）

再次上身前俯，背部拱起，提踵；同时双臂内旋，掌心向外，手背相对，指尖向下，双掌插向前下方，手臂与躯干夹角约为 30°；目视双手。

（九）

重心左移，左腿屈膝，上身右转约 45°；同时双臂向身前侧平举，保持掌心向外，手背相对，指尖向前；目视右前方。

（十）

右脚脚跟提起，再向右前方迈步，右脚跟着地，脚尖上翘，右腿伸直；同时双臂外旋，掌心向上，双臂屈肘收回，双手手背经肋部向后摩运，从小指开始，向后旋腕摩肋；目视右前方。

重心前移，右脚踩实，左脚脚跟提起；双手从肋部继续向后摩至身后，再经身体两侧向前、向上划弧至胸前，手背相对，掌心向外；目视双手方向。

重心后移，左脚跟落地，左腿屈膝，背部向后拱起，收腹伸臂，双手向两侧屈腕成勾手；目视双腕之间。

十三

十四

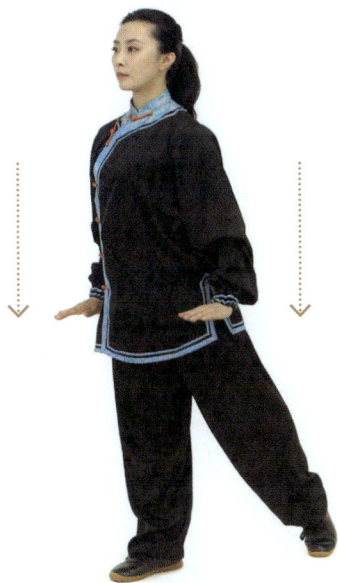

重心前移，左脚脚跟提起，左腿伸直，上身直立；同时双手变勾手为掌，掌心向下，下按至身体两侧；目光先随双手的下落看向前下方，按掌时远望，目视右前方。

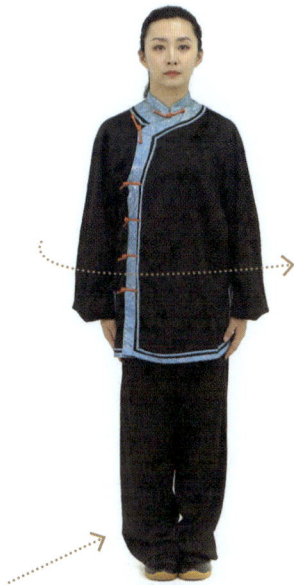

上身左转回正，右脚向左后方收回，与左脚并拢站立；同时双手自然垂落至身体两侧，掌心贴向体侧；目视前方。

功法提示	功理作用：	双臂前伸、拱背动作，可充分活动肩背肌肉和颈椎，缓解肩颈背部疼痛，改善颈椎曲度；摩肋、俯身动作可刺激胸腔，增强心肺功能。
	呼　　吸：	双臂打开或上举时吸气，双臂合拢或下摆时呼气。
	易犯错误：	拱背不充分，提踵插掌时重心不稳，摩肋时旋腕僵硬。

第三式 凫浴

基本要求

一、顶髋时，双腿并步屈膝。

二、旋腰时，用腰部力量带动手臂摆动。

三、顶髋、摆臂动作幅度的大小，可根据个人身体状况而定，练习初期幅度可小一些，后期逐渐增加幅度。

（一）

（二）

接上式。双腿屈膝，左脚向左迈一步，脚尖向前，双脚距离略宽于肩；同时双手向右下方摆动约45°，掌心斜向下；目视右手。

双臂向左、向上、向后摆至身体左后方，掌心斜向后，然后右臂向下屈肘，右手位于左胸前；同时右脚向左迈一步，和左脚并拢屈膝半蹲，同时髋部右顶；头部先跟随双手转向左后方，右臂屈肘完成后，头部再转向右前方，目视右前方。

（三）

双腿屈膝，降低重心，以腰部为轴，上身向前、向右摆动，带动双手向前、向右划弧摆动至身体右侧，双臂保持弧形，尽量舒展，双手掌心相对；目视右手。

（四）

双腿伸膝，身体直立；双手从身体右侧上摆至头顶上方，掌心斜相对；目随双手中间而动。

双手经体前下按至胸前，掌心向下；目视前方。

双手从胸前继续下按至腹前，然后向两侧分开，自然垂落至身体两侧，掌心贴向体侧。

七

双腿屈膝，右脚向右迈一步，脚尖向前，双脚距离略宽于肩；同时双手向左下方摆动约 45°，掌心斜向下；目视左手。

八

双臂向右、向上、向后摆至身体右后方，掌心斜向后，然后左臂向下屈肘，左手位于右胸前；同时左脚向右迈一步，和右脚并拢屈膝半蹲，同时髋部左顶；头部先跟随双手转向右后方，左臂屈肘完成后，头部再转向左前方，目视左前方。

（九）

双腿屈膝，降低重心，以腰部为轴，上身向前、向左摆动，带动双手向前、向左划弧摆动至身体左侧，双臂保持弧形，尽量舒展，双手掌心相对；目视左手。

（十）

双腿伸膝，身体直立；双手从身体左侧上摆至头顶上方，掌心斜相对；目随双手中间而动。

　国术健身：马王堆导引术

十一

双手经体前下按至胸前，掌心向下；目视前方。

十二

双手从胸前继续下按至腹前，然后向两侧分开，自然垂落至身体两侧，掌心贴向体侧。

功法提示

功理作用： 顶髋和转腰动作可充分活动腰椎，提升腰椎灵活性，刺激腰椎周围肌肉，增强腰部力量，塑造美好体态；摆臂动作可活动肩部，提升肩关节灵活性，缓解肩颈部位不适症状。

呼　吸： 双臂打开或上举时吸气，双臂合拢或下摆时呼气。

易犯错误： 摆臂顶髋动作僵硬不协调，没有利用腰部的力量带动手臂摆动。

|第四式 龙登|

一、下蹲时，全脚掌着地，下蹲幅度的大小可根据个人身体状况而定。

二、上托时，双脚提踵，双腕下压。

三、下蹲和上托时，目随手动。

一

二

接上式。双脚以脚跟为轴，脚尖外展约 45°，呈八字步。

双手沿身体两侧缓慢上摩至两肋侧，然后双臂外旋，掌心斜向上，指尖斜向下；目视前方。

三

双腿下蹲，双膝外展；同时双手向前、向下插出。

四

保持双脚脚掌贴地，双臂屈肘，双腕内旋，掌根相靠，掌心斜相对，指尖斜向上，如同莲花状；目视双掌之间。

五

伸膝、伸髋，使身体直立；同时保持掌根相贴，双臂上举至胸前，再向身体两侧打开，掌心相对，指尖向上；目视前上方。

六

双臂继续向上打开，直至手臂伸展于头上方；目视前上方。

双脚提踵，同时双腕下压，双掌
上托，掌心向上；目视前下方。

九

双脚脚跟下落，全脚掌踩地；同
时双手屈腕，掌心向下，双手下
按至胸前；目视前方。

双臂外旋，掌心向上。

双肩外展，双手稍屈腕，指尖对准两侧腋下大包穴位置，中指按压大包穴；目视前方。

双手臂沿身体两侧下落，指尖下垂，掌心贴体侧；目视正前方。

功法提示

功理作用： 蹲下和起身动作可挤压内脏，提升内脏功能；四肢屈曲、伸展可牵拉身体多处关节，改善颈肩腰背等多处不适，也可使呼吸畅通，改善呼吸系统功能；提踵可增加小腿肌肉力量，提升身体平衡能力。

呼　吸： 双臂打开或上举时吸气，双臂合拢或下摆时呼气。

易犯错误： 下蹲或上托时，重心不稳；上托时没有下压双腕。

国术健身／马王堆导引术

第五式 鸟伸

基本要求

一、上身前俯时，与地面平行。

二、俯身摆臂时，用腰部的力量带动手臂摆动。

三、上身前俯、脊柱蠕动时，从腰椎开始，逐渐过渡到胸椎、颈椎，动作圆转流畅。

四、双掌下按时，头部抬起。

（一）

接上式。双脚以前脚掌为轴蹑转，脚跟外展至双脚平行，脚尖向前，双脚距离约同肩宽。

（二）

双腿稍屈膝；同时双臂稍屈肘，向两侧摆动，掌心向后；目视前方。

（三）

双腿继续屈膝；同时双臂外旋，向身前屈肘，掌心向上，指尖向前；
目视前方。

（四）

髋部前顶，肩部后仰，后背逐渐反弓，动作连贯；同时双手从腹前向
后、向上摆动，双肩向两侧打开，使双臂充分舒展；目视前方。

五

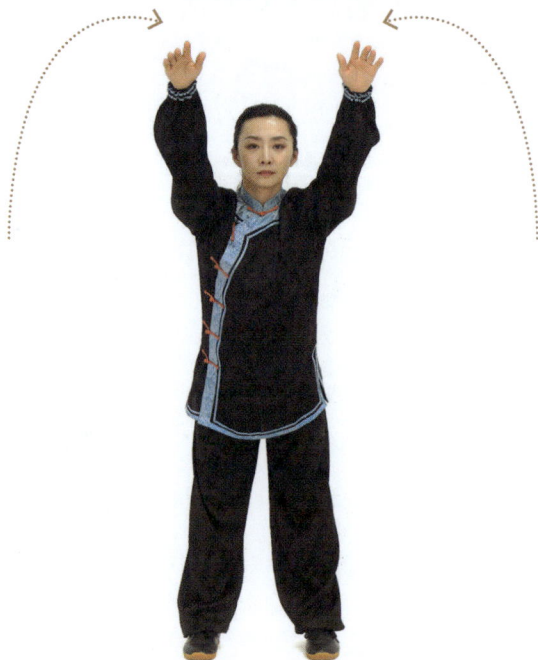

上身前俯，屈髋松腰，带动双臂以肩部为轴，继续向后、向上、向前划弧摆动，双手摆至头顶上方；头部正直，目视前方。

六

上身前俯，约与地面平行；同时双手从头顶上方经身前下按，手臂与双腿平行；头部保持抬起，目视前方。

七

上身内卷，从腰椎到胸椎、颈椎逐节蠕动内卷；双手下垂，指尖向下，掌心向后。

八

保持双手下垂状态，上身稍抬起，由下颌回收到腰椎逐节伸展。

九

上身继续抬起，由胸椎到颈椎逐节伸展。上身抬起至与地面夹角约为45°，下颌抬起，目视前下方。

十

上身再次前俯，双手下按，两膝伸直，头部抬起，目视前方。

上身抬起，目视前下方。

恢复为直立姿势，双手自然垂放
于身体两侧，掌心贴向体侧；目
视前方。

<table>
<tr><td rowspan="3">功法提示</td><td>**功理作用：**</td><td>上身前俯、脊柱蠕动的动作，可充分活动脊柱，提升脊柱灵活性，再加上手臂的摆动，可改善颈肩腰背等多处不适。</td></tr>
<tr><td>**呼　吸：**</td><td>双臂打开或上举时吸气，双臂合拢或下摆时呼气。</td></tr>
<tr><td>**易犯错误：**</td><td>上身前俯、脊柱蠕动的动作僵硬；双掌下按时没有抬头。</td></tr>
</table>

第六式 引腹

基本要求

一、顶髋时，上身保持中正，一手向上撑举，小指与肩部上下对齐；一手向下按压，指尖向前，拇指指向髋部。

二、始终保持双腿并拢。

三、双臂摆动圆转流畅。

（一）

（二）

接上式。左脚向右迈一步，双脚并拢站立；目视前方。

双臂向两侧平举，掌心向下。

（三）

双腿保持并拢，右腿微微屈膝，向左顶髋；同时左臂内旋，掌心向后，右臂外旋，掌心向上；目视前方。

（四）

左腿微微屈膝，向右顶髋；同时左臂外旋，掌心向上，右臂内旋，掌心向后。

（五）

双腿伸直，身体直立；同时左手向右、向上摆至头顶上方，再向右、向下摆至左肩前，右手向下、向左摆动，再向左、向上从左臂内侧上穿至左肩前，双臂在胸前交叉，掌心向后。

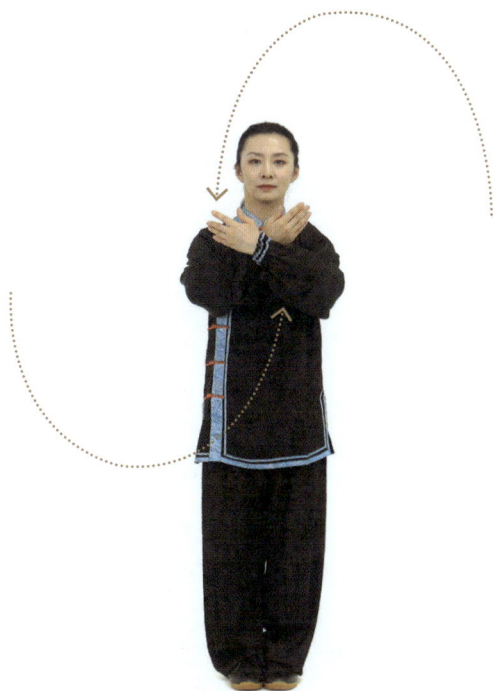

（六）

右腿稍屈膝，向左顶髋，右手向右、向上摆动，摆至头顶上方时，手臂内旋，向上撑掌，左臂向下经腹前摆至身体左侧，掌心向下；目视左前方。

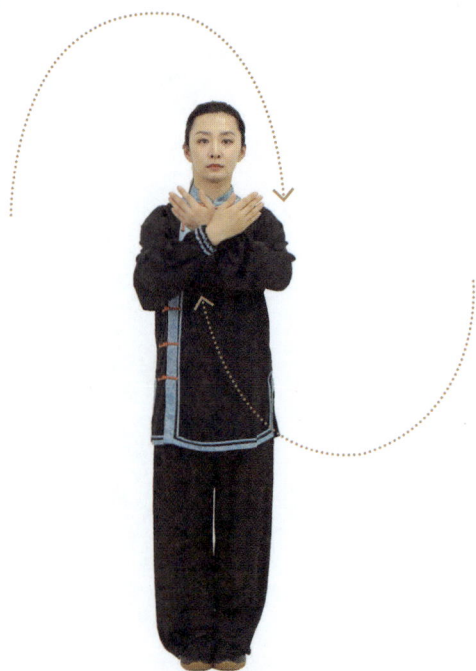

双腿伸直，身体直立；同时右手向左、向上摆至头顶上方，再向左、向下摆至左肩前，左手向下、向右摆动，再向右、向上从右臂内侧上穿至右肩前，双臂在胸前交叉，掌心向后。

八

左腿稍屈膝，向右顶髋，左手向左、向上摆动，摆至头顶上方时，手臂内旋，向上撑掌，右臂向下经腹前摆至身体右侧，掌心向下；目视右前方。

双腿伸膝，身体直立；同时左手向左、向下划弧至身体左侧；目视前方。

双手自然垂放于身体两侧，掌心贴向体侧。

功法提示		
功理作用：	双臂摆动可使周身得到舒展，加速血液循环；顶髋动作可对内脏起到按摩作用，提升内脏功能。	
呼　　吸：	双臂打开或上举时吸气，双臂合拢或下摆时呼气。	
易犯错误：	向上撑掌时，没有撑力；顶髋时肢体与躯干动作不协调。	

|第七式 鸱视|

一、摩肋时，从小指开始，向后旋腕摩肋。

二、摩肋时，前脚的脚尖勾起。

三、头部前探时，前脚的脚尖勾起，双手带动双肩后展，双手压腕，下颌前伸。

一

二

接上式。上身左转约 45°；同时双臂向左前方举起，掌心向上；目视左前方。

左脚向左前方迈一步，脚跟着地，脚尖勾起；双臂屈肘收回，双手手背经肋部向后摩运，从小指开始，向后旋腕摩肋；目视左前方。

三

重心前移，左腿屈膝，右脚脚跟抬起；双手变为勾手，双臂以肩部为轴，继续向后摆动，再经身体两侧向前、向上摆动至头部上方，手背相对，掌心向外。

四

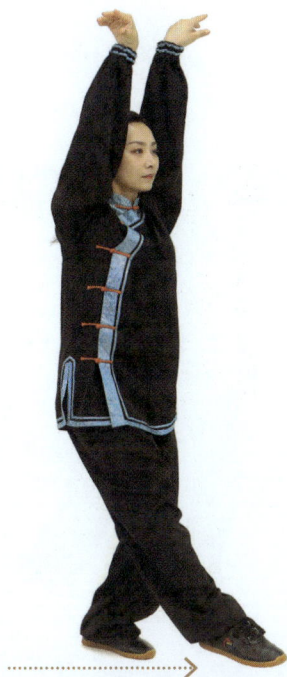

右脚前踢，绷脚面，脚掌约与地面平行。

（五）

右脚尖勾起；同时双肩后展，双手屈腕下压；头部前探，下颌前伸，目视左前上方。

（六）

右脚向右后方落地，左脚脚尖勾起，上身右转，身体回正；双手由身体两侧下落，掌心向外；目视前方。

（七）

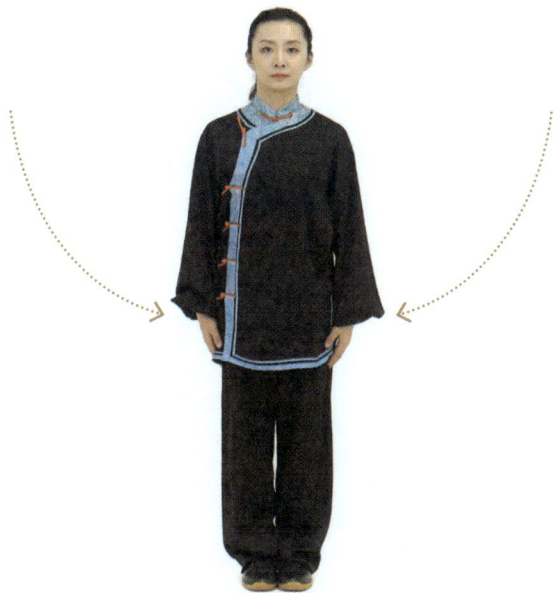

左脚向右后方收一步，双脚并拢；双手垂放至身体两侧，掌心贴向体侧；目视前方。

（八）

上身右转约 45°；同时双臂向右前方举起，掌心向上；目视右前方。

九

右脚向右前方迈一步，脚跟着地，脚尖勾起；双臂屈肘收回，双手手背经肋部向后摩运，从小指开始，向后旋腕摩肋；目视右前方。

十

重心前移，右腿屈膝，左脚脚跟抬起；双手变为勾手，双臂以肩部为轴，继续向后摆动，再经身体两侧向前、向上摆动至头部上方，手背相对，掌心向外。

（十一）

左脚前踢，绷脚面，脚掌约与地面平行。

（十二）

左脚脚尖勾起；同时双肩后展，
双手屈腕下压；头部前探，下颌
前伸，目视右前上方。

左脚向左后方落地，右脚脚尖勾
起，上身左转，身体回正；双手
由身体两侧下落，掌心向外；目
视前方。

右脚向后收半步，双脚左右开
立；双手下垂至身体两侧，掌
心贴向体侧；目视前方。

功法提示	功理作用：	双臂的摆动和双肩的收展，可充分活动肩关节，提升肩关节灵活性，减缓肩颈不适症状；单脚勾脚尖、单脚前踢，可锻炼下肢关节，增强小腿力量，提升身体平衡能力。
	呼　　吸：	双臂打开或上举时吸气，双臂合拢或下摆时呼气。
	易犯错误：	勾脚尖不充分，摩肋时双手动作僵硬不协调，头部前探时忘记下颌前伸。

第八式 引腰

基本要求

一、双手水平向后摩运至后腰脊椎两侧时，指腹抵腰前顶，同时上身后仰，收下颌。

二、从背后向下摩运时，经臀部后方、双腿后方，再经双脚外侧摩运至双脚前。

三、转腰时，该方向一侧的肩部在脊柱的带动下上提，头部同时向同一方向扭转。

四、转腰时，双臂伸直。

一

二

接上式。双臂屈肘，双手在腹前，拇指相对，其余手指斜相对，且指尖大约与肚脐齐平。

双手水平向身后摩运，直至双手位于后腰脊椎两侧；目视前方。

三

四

双手抵住后腰，除拇指外，其余手指的指腹用力，将髋部向前顶，同时上身后仰；收下颌，目视前方。

上身前俯，同时双掌从臀部后方向下摩运至双腿后方，再经双脚外侧摩运至双脚前，掌心相对，指尖向下；上身跟随双手的摩运动作，前俯，目视前下方。

五

六

腰部向左旋转，带动左肩上提，头部左转90°，目视左侧。

腰部向右旋转，带动左肩下落还原，头部右转90°还原，目视前下方。

七

八

腰部向右旋转，带动右肩上提，头部右转 90°，目视右侧。

腰部向左旋转，带动右肩下落还原，头部左转 90° 还原，目视前下方。

九

上身抬起，双臂内旋，手背相对，双掌沿身体中线经腹前上提至胸前，手背相贴；目视前方。

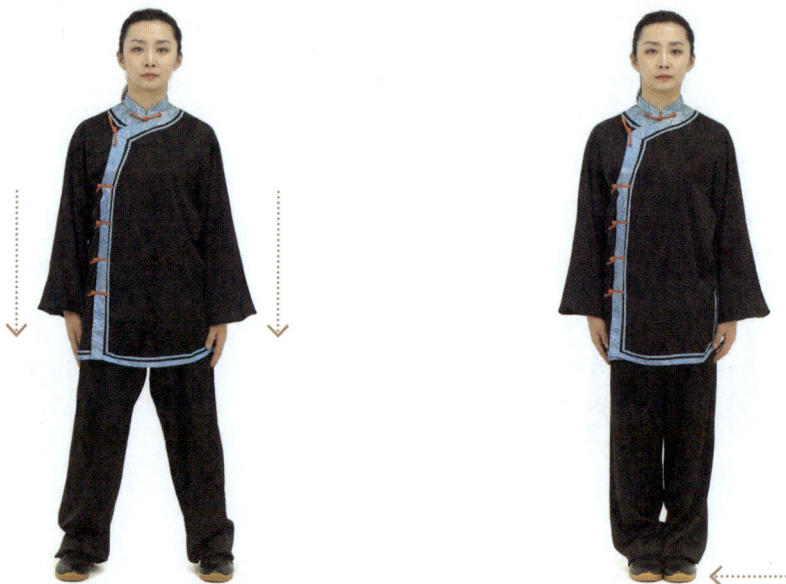

双手保持手背相贴，下落至腹前，向身体两侧分开，掌心贴于身体两侧。左脚收向右脚，双脚并拢站立。

<table>
<tr><td rowspan="3">功
法
提
示</td></tr>
</table>

功法提示

功理作用： 髋部的摆动和转头动作，可带动脊柱蠕动，提升脊柱灵活性，尤其是腰椎和颈椎；上身的前俯、后仰、顶腰，既能拉伸腰背部肌肉，也能对内脏起到按摩作用，提升内脏功能。

呼　吸： 双掌经腹前上提、向身后摩运至后腰及提肩转头时吸气，双手将髋部向前顶、双掌从臀部后方下落时呼气。

易犯错误： 转腰时没有转头或提肩；抵腰前顶时，没有收下颌；摩运速度过快。

第九式 雁飞

基本要求

一、双臂抬起时，始终在一条直线上。

二、屈膝下蹲时，双臂所在的直线与地面约呈 45° 夹角。

三、转头时，只扭转颈椎，身体不动。

四、动作舒展、缓慢。

一

二

接上式。双臂向两侧打开，与肩平，掌心向下；目视前方。

双臂保持在同一条直线上，左臂外旋，掌心向上，上抬约 45°，同时右臂下压约 45°；目视左手。

（三）

保持双手姿势不变，目视左手，双腿屈膝下蹲。

（四）

保持身体其他部位姿势不变，头部向右、向下转。

（五）

头部继续向右、向下转，直至目视右手。

（六）

双腿伸直站立；同时左臂内旋，掌心向下，下压约 45°，右臂上抬约 45°，恢复为侧平举姿势；目视前方。

（七）

双臂保持在同一条直线上，右臂外旋，掌心向上，上抬约 45°，同时左臂下压约 45°；目视右手。

（八）

保持双手姿势不变，目视右手，双腿屈膝下蹲。

（九）

保持身体其他部位姿势不变，头部向左、向下转。

（十）

头部继续向左、向下转，直至目视左手。

十一

双腿伸直站立；同时右臂内旋，掌心向下，下压约 45°，左臂上抬约 45°，恢复为侧平举姿势；目视前方。

十二

双臂向下放至身体两侧；目视前方。

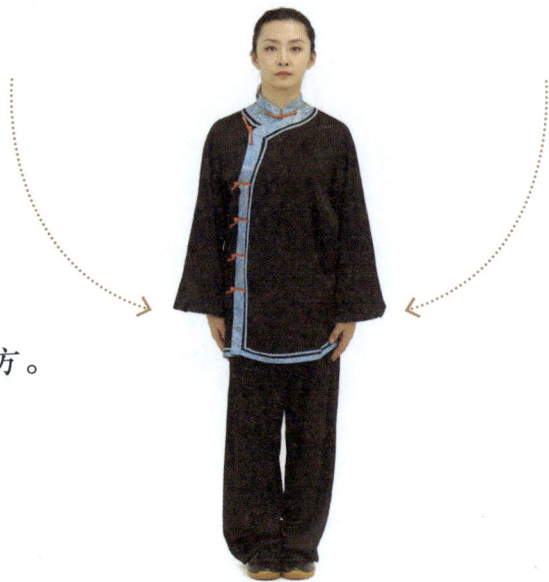

功法提示

功理作用： 双臂伸展、双腿屈伸变化，可使周身得到舒展，加速血液循环，增强心肺功能。

呼　吸： 双臂打开和上举时吸气，屈膝下蹲和双臂下落时呼气。

易犯错误： 转头时，上身也跟着转动；双臂抬起后，没有始终保持在同一条直线上；动作过快；转头与双臂动作不协调。

第十式 鹤舞

基本要求	一、双臂抬起的高度约同肩高。
	二、双臂摆动和转体协调。
	三、动作舒展，圆转流畅。

（一）

接上式。双腿屈膝，左腿向左迈一步，双脚距离约同肩宽。

（二）

双腿自然直立，同时上身稍右转；左臂向左前方平举，右手向右后方平举；目视前方。

双腿屈膝下蹲；双掌下按至腹部
高度；上身右转。

双腿自然直立；双臂向身体两侧
平举。

五

双腿屈膝下蹲；双臂向身前屈肘，收掌，掌心向外。

六

七

双腿自然直立；双臂向两侧缓慢外推，直至侧平举，双手立掌，掌心向外；头部右转，看向右手。

双腿屈膝下蹲，上身左转回正；双臂下落至身体两侧；目视前方。

八

双腿自然直立，同时上身稍左转；右臂向右前方平举，左手向左后方平举；目视前方。

双腿屈膝下蹲；双掌下按至腹部
高度；上身左转。

双腿自然直立；双臂向身体两侧
平举。

双腿屈膝下蹲；双臂向身前屈肘，收掌，掌心向外。

国术健身：马王堆导引术

十二

十三

双腿自然直立；双臂向两侧缓慢外推，直至侧平举，双手立掌，掌心向外；头部左转，看向左手。

双腿屈膝下蹲，上身右转回正；双臂下落至身体两侧；目视前方。

功法提示

功理作用： 双臂摆动和转体，可活动肩关节和脊柱，刺激肩颈腰背肌肉，加速血液循环，增强心肺功能，使身体得到舒展和放松。

呼　　吸： 双臂打开或上举时吸气，双臂合拢或下摆时呼气。

易犯错误： 双臂摆动僵硬，转体动作不协调。

第十一式 仰呼

基本要求	一、仰呼时，双臂向两侧下落至约水平，头上抬，颈部放松，塌腰，挺胸。
	二、提踵时，双肩放松。

（一）

双臂继续上举至头顶上方；抬头，目视双掌之间。

接上式。双腿直立，双臂向上举起，掌心相对；目视前方。

（二）

双臂继续上举至头顶上方；抬头，目视双掌之间。

（三）

双臂经身体两侧下落，保持微屈肘，使双臂呈弧形，腕部约同肩高；
上身稍前倾，胸部挺起，腰部下塌；头后仰，目视前上方。

（四）

头部回正，双肩带动手臂后展，
目视前方。

（五）

双臂伸直，以肩部为轴，从后向前划圆，双臂内旋，掌心向下。

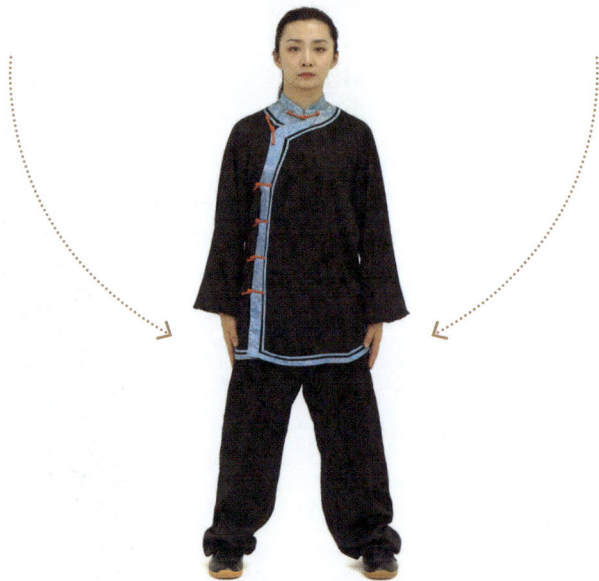

（六）

双臂下垂于身体两侧；目视前方，周身放松。

双脚提踵；同时双臂屈肘，双手从身体两侧上提至腰部，肩部放松。

双脚逐渐落地踩实，双腿缓慢屈膝；同时保持肩部放松，双手缓慢向下摩运至髋部两侧；目视前方。

功法提示

功理作用： 展臂、展胸的动作可活动胸腔，增强心肺功能；提踵动作可增强小腿力量，提升身体平衡能力。

呼　　吸： 双臂上举外展时挺胸呼气。

易犯错误： 仰呼时颈部紧张，提踵时没有放松肩部。

第十二式 折阴

基本要求

一、上步时，一手上撑，一手下按，要感受到躯干的拉伸。

二、上身前俯摆臂时，双臂呈弧形轨迹摆动，动作圆转灵活。

三、双手上捧时，捧至与腰同高，然后翻掌，掌心向下。

①

接上式。重心前移，左脚向前迈一步，右腿蹬伸，右脚脚跟上抬；同时右手向上举过头顶，掌心向前，左臂内旋，掌心向后；目视前方。

②

重心后移，右脚脚跟着地，右腿屈膝，左脚脚尖抬起，左腿自然伸直；右臂外旋并向身前下落。

（三）

左脚向左后方撤一步，与右脚平齐站立，双脚距离约同肩宽，双腿屈膝下蹲；右臂下落至身体右侧并外旋，右手掌心向前，左臂外旋，掌心向前；目视前方。

（四）

双腿伸膝自然直立，双臂侧平举，掌心向上。

五

双臂向身前合抱，手臂呈弧形，
掌心向内，约与肩平；目视前方。

六

上身前俯，低头；双臂内旋，双
手下抱，指尖向下；目视前下方。

七

上身继续前俯，双手继续下抱至
脚尖位置。

八

双手做拢抱状，从手臂到指尖为
弧形；同时双腿屈膝下蹲；目视
双手之间。

国术健身：马王堆导引术

双腿伸膝直立；同时双手呈拢抱状上提至腹前，掌心向上；目视前方。

双臂内旋，掌心向下。

双手下按，然后向两侧分开，垂落于身体两侧；目视前方。

十二

重心前移，右脚向前迈一步，左腿蹬伸，左脚脚跟上抬；同时左手向上举过头顶，掌心向前，右臂内旋，掌心向后；目视前方。

十三

重心后移，左脚脚跟着地，左腿屈膝，右脚脚尖抬起，右腿自然伸直；左臂外旋并向身前下落。

十四

右脚向右后方撤一步，与左脚平齐站立，双脚距离约同肩宽，双腿屈膝下蹲；左臂下落至身体左侧并外旋左手掌心向前，右臂外旋，掌心向前；目视前方。

（十五）

双腿伸膝自然直立，双臂侧平举，掌心向上。

（十六）

（十七）

双臂向身前合抱，手臂呈弧形，掌心向内，约与肩平；目视前方。

上身前俯，低头；双臂内旋，双手下抱，指尖向下；目视前下方。

上身继续前俯，双手继续下抱至脚尖位置。

双手做拢抱状，从手臂到指尖为弧形；同时双腿屈膝下蹲；目视双手之间。

二十

双腿伸膝直立；同时双手呈拢抱状上提至腹前，掌心向上；目视前方。

双臂内旋，掌心向下。

双手下按，然后向两侧分开，垂落于身体两侧；目视前方。

功法提示

功理作用：双臂的摆动、撑按动作，可充分活动肩关节，提升肩关节灵活性，缓解肩颈不适；上身前俯可提升腰椎灵活性，挤压内脏，对内脏可起到按摩作用，提升内脏功能。

呼　　吸：双臂打开或上举时吸气，双臂合拢或下摆时呼气。

易犯错误：上步时，躯干拉伸不充分；上身前俯时，摆臂僵硬。

收势

基本要求	一、双手在腹前交叠时，虎口交叉，覆于肚脐上方。
	二、双手从腹前向身后水平摩运。

（一）

接上式。双臂向两侧打开，内旋，掌心向后，双掌高度约同于髋部高度；目视前方。

（二）

双臂向身前合抱如抱球状，逐渐将双手收至腹前，掌心向内。

（三）

双手在腹前虎口交叉相握，左手在外，右手在内，约与肚脐同高。

（四）

双手沿腹部水平摩运至身体两侧，然后向下按掌，掌心向下；目视前方。

手指垂下，双臂外旋，掌心向内。　　左脚向右迈一步，双脚并拢站立；目视前方。健身气功马王堆导引术套路演示完毕。

功法提示

功理作用：从练功状态进入平时状态，心神归于平静。

呼　吸：双臂打开时吸气，双臂合拢时呼气。

易犯错误：双手摩运速度过快。